並木良和
Namiki Yoshikazu

LIVING
YOUR TRUE SELF
MAKES
THE BEST LIFE

「最高!」を
生きる考え方

きずな出版

考え方を変えれば、
人生は違って見えてくる

「所詮、人生は心一つの置きどころ。
人間の心で行う思い方、考え方が、
人生の一切を良くもし、悪くもする、
というのが人生支配の根本原則である。」

—— 中村天風『運命を拓く』(講談社文庫)

「心一つの置きどころ」というのは、
中村天風さんの言葉ですが、
僕にとっては、
ガイドたちから、よく聞く言葉でもあります。
「ガイド」は、
日本語では「守護霊」と訳されることが多いですが、
彼らは僕が僕自身を意識したときから、
あるいは、それ以前から、僕と一緒に存在していて、
あらゆるメッセージを語りかけるのです。

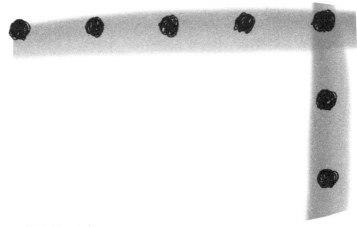

「心一つの置きどころ」。

それは、人生のすべては、心の持ちようである、
ということです。

「つらい」も「うれしい」も、
「苦しい」も「楽しい」も、
じつは、視点の違いでしかない。

ある出来事を、どういう視点で捉えるか。
その捉え方で、同じ出来事でも、
つらくもなれば、喜びにも変わる、ということです。

つらいとか、苦しいとか、
そんな状態にあれば、そこから抜けたいと思う。
できれば、そういうことを、
この人生で体験したくないと思う。

でも――
出来事自体は、いつも中立です。

じつは、悪いことが起きているのでも、
ひどいことが起きているのでも、
つらいことが起きているのでもないんです。

ただ、出来事が起きているだけ——

この出来事をどう捉えるのか？
もしくは、どう解釈するのか？

その視点が、「心一つの置きどころ」です。

つらいことも、ワクワクに変わってみたり、
喜びに変わってみたり、
ということがあるのです。

「自分の在り方」を変えていかない限りは、
「つらいこと」からも、「くるしいこと」からも、
抜け出すことはできない。

いま、この本をスタートするとき、
ガイドたちが「心一つの置きどころ」ということを、
とてもシンプルに伝えてくるのです。

自分の在り方、考え方が変われば、
あなた自身が、
あなたを取り巻く人たちが、
あなたの今も、
あなたの未来も、
変わっていきます。

さあ、このメッセージを一緒に受けとりましょう。

並木良和

contents

3 自分という存在

4 つながる世界

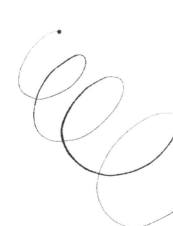

5 魂の本質を知る

6 変化を受け入れる

7 行動を起こそう

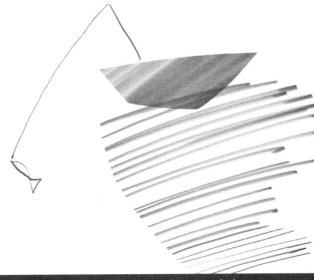

「最高！」を生きる考え方

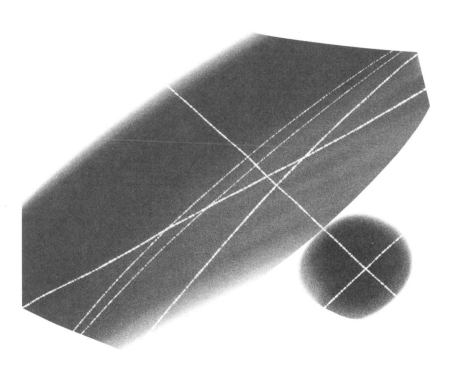

1

視点を変えよう

大変！ 大変！

いま世の中を見てみると、大変なことばかり。

ウイルス、戦争、

食糧のこと、経済のこと、

もう左を向いても、右を向いても、

「大変！ 大変！」な人たちもいて、

そうなると、まさに、あっぷあっぷ。

溺れかけて、手足をバタつかせている。

時代の波にのまれて、もがき、

もう持ちこたえることができない。

「なんて自分は不運なんだ」

「なんて不幸なんだ」と考えます。

でも、本当は、そうじゃない。

すべては、「心一つの置きどころ」です。

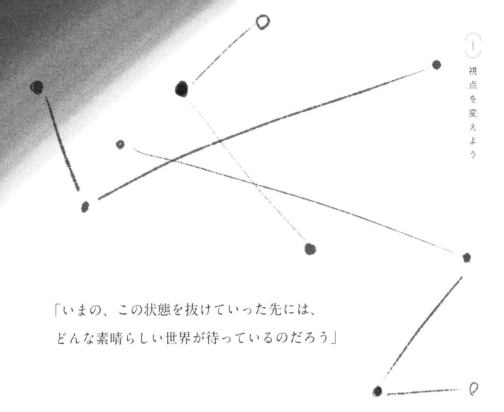

「いまの、この状態を抜けていった先には、
どんな素晴らしい世界が待っているのだろう」

そういう捉え方もできるのです。
その人にとっては、いまの状況も、
「ワクワク」に変わるのです。

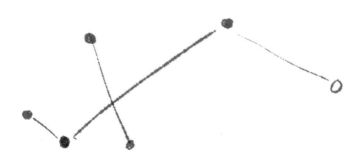

UP! UP!

「え、これがまた、最高の未来につながっている」
「あ、これがまた、いい流れにつながっている」

そう思えたら、
いつだって、
すごくいいポジティブな状態で、
生きられるじゃないですか?
起きている事柄、事象、状況が、
どうであるかは関係ない。
自分が、どう捉えるか。
それによって、気持ちも変わる。
見える世界が、違ってくるのです。

起きていることは同じなのに、
それに、あっぷあっぷしてしまう人と、
そこから、UP！UP！していく人がいる。

あなたは、どっちにする？

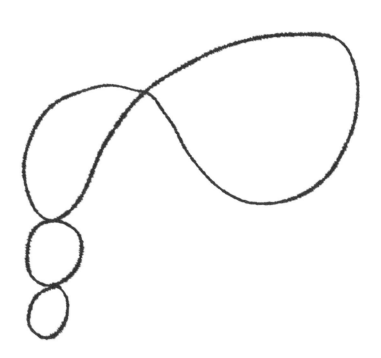

目の前の壁を扉にしよう

「四面楚歌」というのは、
どっちを向いても敵ばかりで、
孤立している状態。
動こうとしても、前はもちろん、
右も左も、そして後ろも、
敵が、高い壁のように立ちはだかって、
まさに八方ふさがり。

そんな気持ちになることもあるし、
実際に、自分を取り巻く状況や環境が、
「八方ふさがり」に追い込まれてしまう、
ということもあります。

でもね——。
本当に八方ふさがりかというと、
そうではない。

「八方」とは、
東西南北の四方、
プラス北東、北西、南東、南西の
4つの方角のこと。
総じて「あらゆる角度」のこと。

困ったことになったときというのは、
それこそ、壁に囲まれて、
そこからは逃げられない、と思う。

でも、あなたがそう思うだけで、
じつは、壁なんて存在しないんです。

目の前だけを見ると、
たしかに「壁」だけのように見えるかもしれませんが、
ちょっと上を向けば——

ほら、空が見える！

上は、ふさがっていないことに気づくのです。

天まで届くほどの高い壁も、
しゃがんでいたから、そう思っていたけれど、
立ち上がったら——

あれ、高くない？

そう、ラクラク乗り越えられる壁だった、
と気づくこともあります。

ときには、
本当に高い壁に囲まれてしまうことも
あるかもしれませんが、
その壁は、じつは壁じゃなくて──

扉！

あなたが、少し押しさえすれば、
立ちはだかる壁から、
出入り自由の扉に変わります。

そう、いまの「困った世界」から、
あなたは簡単に出ることができるのです。

古い時代と、新しい時代

古い時代は、「壁」といえば、
「乗り越えていくもの」でした。
新しい時代の「壁」は、
「扉にして開けていくもの」です。

扉なら、開ければ前に、スコーンと抜けられるのに、
そこに気づかない視点。
ものの見方が狭いと、本当は「扉」なのに、
「壁」に見えてしまうわけです。

扉は、押したら開きます。
鍵もかかっていません。
あなたに開ける気さえあれば、
いつでも、開けることができるのです。

いまだに、開けるのではなく、
越えようとする人たちがいます。

なにかを達成しようとするとき、
なにか新しい世界に進もうとするとき、
「努力しなければならない」
「一生懸命に取り組まなければならない」
と教え込まれた観念が、「扉」を「壁」に見せるのです。

でも、それでは、
「つらい世界」「苦しい自分」が続くばかり……。

まだ続けますか？

見方を切り替える

古い時代から、新しい時代に、
ものの見方を切り替えるには、
「変化」に自分を適応させていくことです。

変わることを、
「OK、受け入れます」
と、自分から進んで言えるかどうか。

あっぷあっぷで生きていくことを選ぶのか。
UP！UP！で生きていくことを選ぶのか。
——これも、視点の違いです。

視点を変えるには、
訓練が必要な人もいます。
言い方を換えれば、
訓練すれば、視点を変えられるようになります。

「訓練」と聞いて、

「大変そう」「自分には無理そう」と思う人は、

「訓練」ではなく「練習」としたら、どうでしょうか？

つまり、言葉はどうでも、

あなたにもできる、ということです。

ものの見方というのは、習慣になっているので、

それを変えるのは、少し大変かもしれません。

でも、ここで「視点」を意識してみてください。

いままでの見方は、

一つの、同じ視点を使ってきました。

その視点しか使えなくなっている、

というのが習慣です。

その習慣を変えるのです。

選択なら変えられる

もしも「傷ついた」と感じることがあったら、
それを否定せず、
まずは「傷ついたこと」を認める。
それが最初の一歩です。

けれども、そこから、
もう一歩進んで、視点を変えてみましょう。

「傷ついた」というのは、
言い方を換えると、
「傷つくということを選んだ」
「傷つくということを自分に許した」

「傷つく」という体験を自分に許した——。

これこそ自分主体。
「傷ついた」のは自分の選択だった、
ということがわかります。

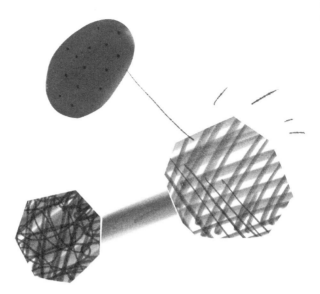

そうだとしたら？

じつは、「傷つかない」という選択もできる、
ということに気づくでしょう。

事実は一つ。
同じ出来事でも、
「傷つく」という体験にもできれば、
「気づき」に変えることもできる。

自分は何を感じるか。
どんな感情を感じるのか。
──それを選ぶのは、自分である、ということです。

見方、考え方は一つじゃない

たとえば、
「つらい」と感じること。
それが悪いわけではありません。
感じること、感じないことに、
いい悪いはないのです。

自分が、そう感じた。
自分が、そう感じている。
そのときに事実、感じたことなので
否定する必要はありません。

けれども、
いま「つらい」と感じていることを、
ポジティブな視点で捉えると、
どういう見方ができるのか？

それを自分に問いかけることが、
視点を変えていく「訓練」になります。

「つらい」と感じるたびに、
「苦しい」と感じるたびに、
違う視点で見ようと訓練する。

最初は、こじつけでもいいんです。

「ちょっと無理があるかな」と思っても、
いつもとは違った視点を使ってみる。

「そんな見方もあるかな」
「そんな考え方もあるかな」

見方、考え方は、
一つだけではないことを知るだけで、
もう、あなたは変わり始めている。
自分でも、そのことがわかるはずです。

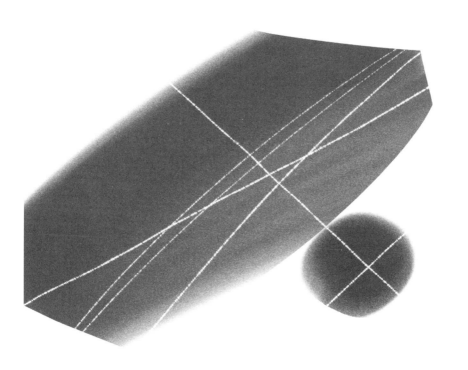

2

自 分 軸 で 生 き る

すべては心しだい

「真実」というのは、人の数だけ存在します。
でも、「事実」というのは一つなんです。

客観的事実は一つ。
その事実に対して、どう捉え、どう体験するかは、
人によって違うのです。

それが真実になる。
その人にとっての真実。

言い方を換えれば、
ほかの人が「そんなわけないじゃん」と言っても、
それが自分にとって、しっくりくるなら、
その見方が、「自分にとっての真実」なのです。

「自分にとっての真実」を採用していけば、
人生はうまく流れていきます。

すべては自分の心しだい。
それが「心一つの置きどころ」ということです。

だって自分が、
「ああ、幸せ」と思って生きられれば、
それでいいわけでしょう?

自分に軸がある人

「待つこと」は、あなたにとって、つらいことですか？

たとえば「待たされている」と思うと、
自分が「被害者」のような気持ちになりますよね？
誰かのせいで、待たなければならないわけです。
つまり主体が、自分ではなくなっています。

でも、主体を自分に持ってくれば、
「待つ」というのは、自分発信です。
自分軸で、「待つ」わけです。

事実は「待っている」もしくは「待っていた」だけ。
それを、人のせいで「待たされた」と捉えるのか。
自分の意思で「待っていた」と捉えるのか。

自分軸で「待つ」と考えることができる人は、
自分主体なので、
自分の人生を自分の力でコントロールできる人、
もしくは、管理していくことができる人、
と言い換えることができます。

自分軸で生きていると、
いろんなことがスムーズにまわり始めます。
それはとてもナチュラルで、
あたりまえのことなんですよ。

自分に軸がある人は、
自分しだいで、どうとでもできるので、
いつも幸せでいることもできるのです。

これって、
じつはものすごく簡単で楽しい、
幸せになるコツ、です。

幸せの所在

自分に軸がない人は、
状況によってクルクル変化していくことになります。

軸が他人にあるので、ブレていきます。
いつも誰かに、あるいは、まわりに、
振りまわされて生きることになるのです。

「まわりによって、幸せというのは決まるんだ」
「まわりがこうだったら、自分は平和でいられるのに」
つねに「幸せの所在」は外にあります。

うまくいっているときには、
「おかげさま」と感謝することもできるかもしれません。

でも、うまくいかないと、
たちまち「被害者」になるのです。

被害者意識で存在している人は、
永続的な幸せを手にすることはできません。

幸せになるのも、
不幸になるのも、誰かしだいなわけですから。

あなたは、本当にそれでいいですか？

誰にも傷つけられない

「傷つくこと」を自分が受け入れなければ、
傷つけない。
傷つくことができない、のです。

だから、本当は、
傷つくなんてことは、自分が許さない限り、
金輪際、あり得ないことなんです。

それなのに、
傷つくということを、
あまりにも容易に、
受け入れてしまっていませんか？

「あんなふうに言われたから」
「あんなことをされたから」

だから、傷つけられた？

「あの人に傷つけられた」
「家族に傷つけられた」
「会社に傷つけられた」
「国に傷つけられた」

主体が外にあるうちは、
今いる場所から抜け出すことはできません。
そこにいる限り、
本当の意味での幸せは、けっして得ることができない。
満たされた人生を生きることはできないのです。

「私は、私がいい」

自分に声がけしていますか？

自分で自分のことを褒めてあげる。
認めてあげる。
ただ思うのではなく、
声に出して、
優しい言葉をかけてあげる。
これはとても重要なことなんです。

軸が他人（外）に向いていると、
誰かに言葉をかけてもらいたいと思う。

たとえば、
「ありがとう」だったり、
「だいじょうぶだよ」だったり、
「君は素敵だよ」だったり。

でも、自分軸に立つと、
外からの言葉はなくてもよくなる。

他人から言われなくても、
自分が自分に言ってあげればいい。

「私、がんばってるね」
「私、だいじょうぶだよ」
「私、素敵だよ」

これだけでも、
自分軸にスッと戻っていける。

自分が選択する

「幸せにしてもらえた」
と思えるのは、もちろんいいこと。
でも、「自分軸」で考えると、どうでしょうか。

「彼が私を幸せにしてくれた」
「彼のおかげで幸せになれた」
というのは、
言い方を換えれば、
「彼が私の幸せのもと」
ということになります。

そうだとしたら、
もしも彼がいなくなってしまったら、
その幸せは、煙のごとく消えてしまうかもしれません。

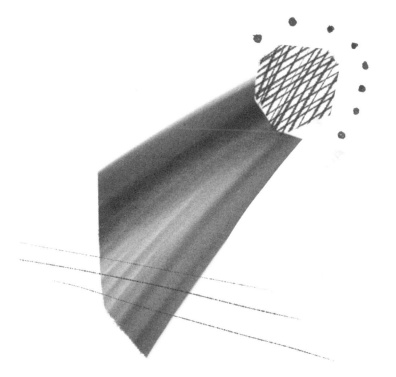

あなたの幸せは、
誰かに与えてもらうものではなく、
あなたの選択の結果です。

「幸せにしてもらった」というのも、
「傷つけられた」というのも、
軸は外（他人）にあります。

軸を外に置く生き方は、
本当の意味での幸せからズレてしまう
原因なんです。

立 ち 位 置

魂が自分の本質です。

「自分軸」というのは、その本質のこと。

「自分の中心」と言い換えてもいいでしょう。

魂は、目には見えないので、

物理的なポイントがあるわけではありません。

だから、「自分の中心」と言われても、

自分のことなのに、難しく感じるかもしれません。

そんなときは、

みぞおちに意識を向けてみましょう。

そこは、魂の中心が位置する場所。

ここを意識しながら、数回、深呼吸することで、

意識がニュートラルになります。

ニュートラル――

ネガティブにもポジティブにも偏_{かたよ}らない、

中立な状態。

どちらにも属さないから、

誰にも支配されない。

自分の真実を自由に表現する在り方です。

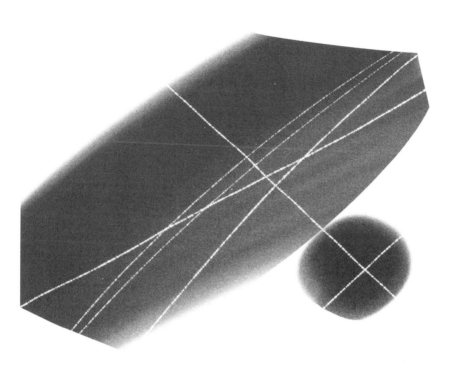

3

自 分 と い う 存 在

この宇宙で
やってはいけないこと

自分以外のものになろうとしてはいけない。

この宇宙で、
やってはいけないことなど、
じつはないのですが、
でも、あえて、それを一つ挙げるなら、
自分以外のものになろうとすることです。

誰もがみんな、パズルのピース。

この世界に生きる者すべて、
その一人ひとりが、
この世界というパズルのピース（一片）を担っています。
一つでも欠けたら、パズルは完成しません。
誰もが欠くべからざる、
大事な、大事な一部なんです。

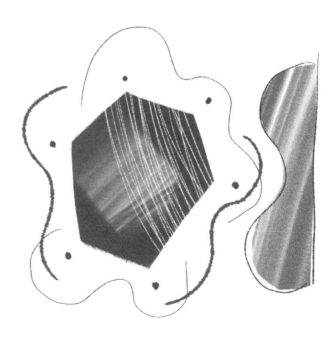

自分以外のものになろうとするのは、
▲のピースが、「■になりたい」と願うようなもの。
もしも■になったとして、
「あなたの▲のスペースは誰が埋めるの？」
という話です。

この宇宙というパズルが完成するのに必要な、
欠くべからざるあなたのピースは▲なのに、
■になろうとしたら、
あなたの役割は果たせなくなります。
それで、どうやって、
パズルを完成させることができるのでしょうか。

あなたが▲ならば、
自分が▲であることに気づくことが、
まずは大事なことなんです。
そして、
「私は▲なんだ」と認めることが大切なんです。

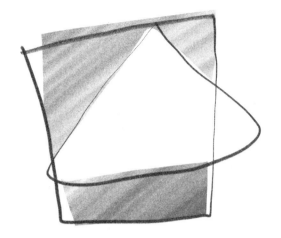

パズルにはめれば、

ピタッと収まるべきところに収まります。

それが本来の姿であり、

完全であるため、

あなたは満たされることになります。

▲が■になろうとしても、

それは不可能なことなので、

苦しみが生まれます。

つらさが生まれます。

自分を知り、自分を認めること。

それができたとき、本当の幸せや、

豊かさを受けとることができるのです。

憧れの存在

「あの人のようになりたい」
憧れを抱くのは、悪いことではありません。

その憧れをきっかけに、
自分の在り方を見直したり、
目標を立てたりすることができます。

自分は、その人の、どの部分に憧れるのか。
それを、どう自分に取り入れるのか。

エッセンスを受けとるという意識であれば、
「憧れ」を持つというのは、役に立ちます。

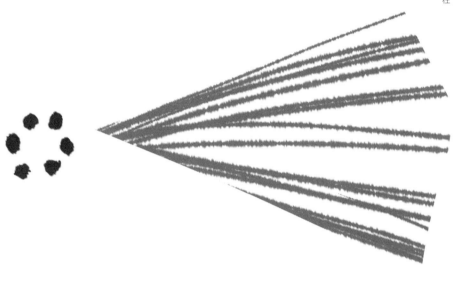

憧れの「その人」になるのではなく、
憧れる部分を、「私バージョン」に転換する。

その考え方になると、
楽しみながら、
自分をアップグレードしていくことが
できるようになるんです。

無限の可能性

「本来の自分」は無限の存在です。
一つに絞（しぼ）ろうとする必要はありません。

無限にある「自分の可能性」を探求していく。
それが、いま、
あなたが、この人生でしていくこと。

「自分」には、どんな側面があるのか。

それは、たとえば、
ダイヤモンドがカットされて輝くのと同じ。

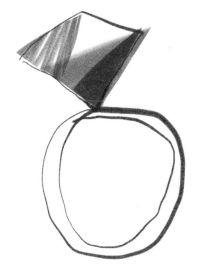

自分を知っていくというのは、
ダイヤモンドのカット面を
増やしていくようなものです。

ダイヤモンドは、そのままでも希少な、
美しい光沢を持つ鉱物です。
それが研磨されると、さらに輝きを増す。

あなたも、研磨されて、
いまは苦しくても、
その磨かれた先には、
「私、こんなに輝いてる」
「私って、こんなにキラキラしてたんだ」
という気づきが待っています。

ファンタジーに
逃げてはいけない

前世にこだわる人がいます。
そのベースにあるのは、
いまの自分の境遇、
自分自身というものを、
まるごと受け入れていない
ということです。

現実から目を背けて、
「前世」という、
「ファンタジー」に逃げるんです。

僕は、あえて、
これを「ファンタジー」と表現しています。

たとえば、

自分の前世が何であるとか、

出身星がどこであるとか、

そんなことにこだわるよりも、

そこに意識と時間とエネルギーを注ぐよりも、

いま、この瞬間に、この時間に、

意識とエネルギーを注いでください。

ここに100%、意識を注いでいないから、

「ファンタジーの世界のこと」が気になるのです。

自分の人生に、

100%、満足していないから、

他人のことを、ああだこうだと言うのです。

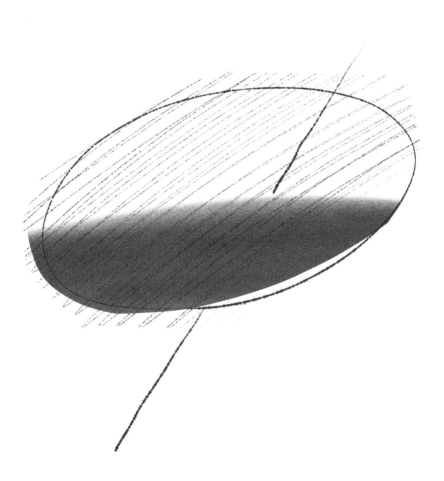

そんな人生は、最悪です。

「最悪」というのは、
もったいない、ということです。

あなたは、
そんなことをしに来たんじゃないでしょう？
あなたの人生を生きるために、
ここに来たんでしょう？
だったら、自分の人生を生きなさい。
いまの人生を生きなさい。

それ以外のことは、全部、
ファンタジーに逃げるということです。

厳しい言い方になってしまうかもしれませんが、
そこから抜けていかない限り、
地球を卒業するなんて、
できないですよ。

あなたは、自分で選んで、
ここに来たのです。

せっかく来たのに、
本当の自分を生きないで帰るつもり？

イタリアを旅行しようと思ったのに、

イタリアに着いた途端に、

「ああ、なんかもう日本が恋しくなっちゃった」

なんて、もったいないと思いませんか。

まだ何も見てもいないし、食べてもいない。

せっかくだから、ここでしか楽しめないことを

楽しんでいくほうがいいと思いませんか？

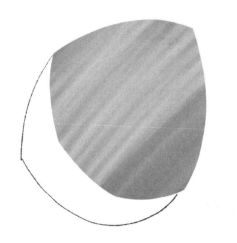

自分の望みに気づく

ここはコントラストの世界。
対比することで、
ある性質を理解しやすくなる、
ということがありますね。

たとえば、「光」と「闇」。
たとえば、「善」と「悪」。

「闇」がわかれば、「光」がわかる。
「悪」がわかれば、「善」がわかる。
コントラストによって、もう一方の性質が際立つのです。

だとしたら、そのコントラストを使って、
本当の自分の望みに気づける、
という利点もあるわけです。

あなたにとっての「最高」とは何ですか？

いきなり、そう聞かれても、
漠然（ばくぜん）としたものしか、
答えられないかもしれません。

でも、
たとえば「最悪」という体験をしたときには、
「じゃあ、どうなったら最高なんだろう？」
ということに意識を向けることもできますよね。

「なんで、こんなヤツばっかり……」
と文句を言いたくなるような人間関係が、
自分のまわりを取り巻いていたら、
「どんな人間関係だったら
最高って感じられるのか……」。

その答えが、新たな望みになるんです。
新たな願いになるんです。

最悪を通して、最善を知る。
最低を知ることで、最高に気づく。

コントラストは、そうやって使っていけばいいんです。

最低が最高に変わる

——だとしたら、
「どういうのを最高の一日って言うんだろう？」

「最低」を感じたから、
「最高」に焦点が合っていく。

最低は、最高につながるためのもの。
否定する必要はありません。

「よいことを教えてくれて、ありがとう！」
そういうことだったんですね。

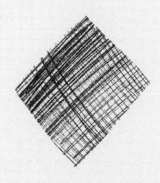

光の中

光の中にいると、
いま自分が、
光の中にいることに
気づくことができません。

闇を知って、
はじめて光がわかるのです。

もっと言うなら、
光にも濃淡があったり、
彩度や明度が違ったり、
いろいろありますよね。

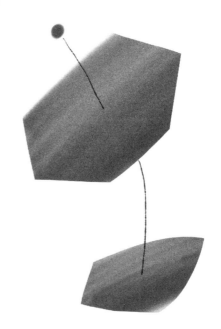

闇みたいな体験というのは、
もっと大きな光を知るためのもの。
だから、それはとても大事な体験なんです。

ところが、
その闇を駆逐しようとしたり、
排除しようとしたりする動きが、
最近では目立ってきています。

それでは、本当の意味での光を
知ることはできないのに。
つまり、闇を切り捨てようとするのではなく、
「どう調和させていくか」に
意識を向けることが大切なのです。

もしも、あなたが、
いま最悪な状況、
真っ暗な闇の中にいるとしたら、
ものすごいチャンスのときですよ。
ここから一気に、
最高へとジャンプしていきましょう。

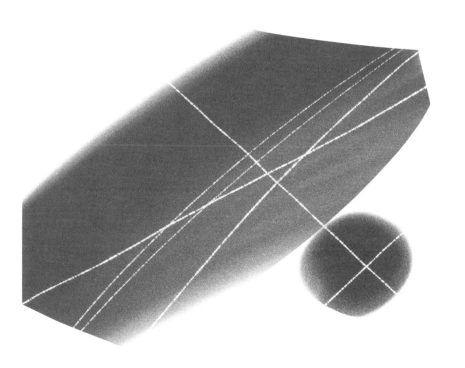

4

つながる世界

波動のスイッチ

魂の本質とつながって生きているか。

それがわかるのが、

「こ・ひ・し・た・ふ・わ・よ（恋い慕うわよ）」。

「こ」── 心地よい

「ひ」── 惹かれる

「し」── しっくりくる、すっきりする

「た」── 楽しい

「ふ」── 腑に落ちる

「わ」── ワクワクする

「よ」── 喜びを感じる

「こひしたふわよ」は、僕たちの本質そのものなので、

本当の自分につながると、つねに、

こうした状態でいられるようになります。

「こひしたふわよ」という感覚は、

それぞれに異なる周波数があり、

それらが、まるで映画のフィルムのような働きをして、

現実を映し出します。

それぞれの周波数で映し出された現実は、

それだけバラエティ豊かになっていくわけです。

この本質とのつながりの中で生きることが、

スピリチュアル的な成長であり、

物質的に恵まれていることが、

すなわち成長である、ということではありません。

毎日が単調で、つまらないと感じているとしたら、
それは、何かがズレている、ということです。

なぜなら魂の本質は、
ワクワクそのものだからです。
つまり、「こひしたふわよ」を感じているとき、
あなたは本質につながっているのです。

だから、
何も起きていなかったとしても、
つねに静かなワクワクを感じているし、
何の変化もなかったとしても、
つねに喜びを感じられているはずなんです。

存在しているだけで、楽しい。

存在しているだけで、ワクワクする。

存在しているだけで、喜びを感じる。

ということは、もしも、

毎日が、なんとなくでも、

「退屈だなぁ」

「つまんないなぁ」となっていたり、

朝起きたときに、

「なんだか重たいなぁ」と感じていたとしたら、

それは、

「何かがズレていますよ」というサインなんだと、

気づくことが大事であるということです。

自分にとっての最高なもの

自分が最高と思えるものに囲まれて生きる——
自分の本質につながればつながるほど、
そうした生き方がナチュラルになっていくでしょう。

でも、最高を追求していく中で、
「これって贅沢かしら、できない人もいるのに……」とか
「豪華すぎて、人から何か言われないかしら……」と
不安になる人もいるかもしれません。
そういった外を気にする「外向き」の在り方をしている限り、
「自分にとっての最高」に囲まれることはないでしょう。

あなたにとっての最高は、
あなたにしかわからないのです。
なので、
あなたが、しっくりくるなら、
「それは、あなたにとってよいですよ！」
という本質からのサインなので、
ぜひ取り入れてみてください。

何にワクワクする？

折に触れて、自分に問いかけてください。

「私にとってのワクワクは？」

いまの自分にとって、
ワクワクすることは何かを感じてみるのです。

「いまの自分」で捉えること。
「いまのワクワク」を感じること。

——だって、1年前のワクワクと、
　　　いまのワクワクは
　　　違うかもしれないでしょ？

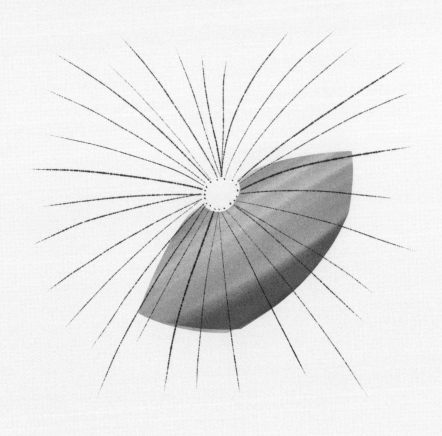

「いまの私にとってのワクワクは何？」

「いまの私にとっての喜びって何だろう」

「いまの私にとって楽しいことって何かしら」

この問いかけが、

自分とつながっていくアクションになります。

チューニング

でもね、
「いま、そんなにワクワクすることがない」
ということもあるかもしれません。

そういうときには、
心から感じている、と実感できていないことでも
OK です。

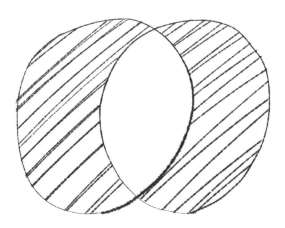

「強いて言えば、この本を読むと楽しくなる」
と思ったら、その本を読みましょう。
「強いて言えば、あの人に会えるのはうれしい」
と思ったら、その人に会いに行きましょう。
自分軸からの発想ではなく、
「みんなが面白そうと言っている」
というようなことでも、
「やってみようかな」
「行ってみようかな」
と、少しでも感じるなら、
行動に移しましょう。

「こひしたふわよ」が捉えづらいときは、

自分とつながっていない状態。

電波の状況が悪くなっているのと同じです。

電波の状態がよくなれば、

打てば響くように、

喜びやワクワクを、自分の中に感じられます。

うまくキャッチできないときには、

チューニングしていきましょう。

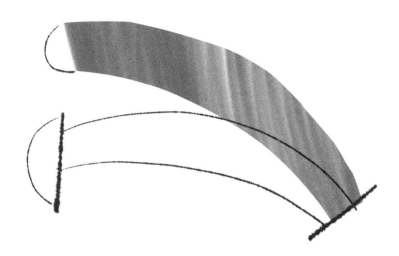

無理はしない

「ああ、面倒くさい」
「もう生きるのもイヤだ」
となっているときは本当の自分から
ズレてしまっているので、
やる気が起きないのは無理もありません。

そんなときには、
無理矢理、やる気を起こそうとしなくてもいいんです。
でも、「面倒だな」と思ったとき、
どれくらいイヤなのかを捉えてみましょう。

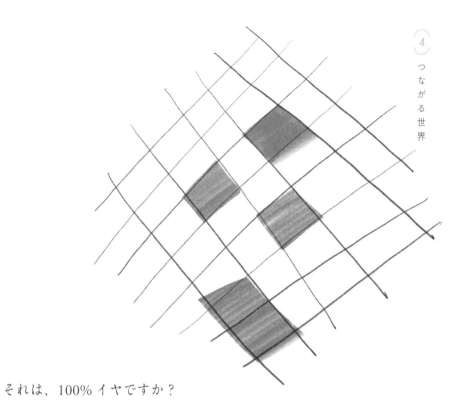

それは、100% イヤですか？

「うーん、100% イヤってわけじゃないけど……」
であるなら、やるんです。

「イヤってわけじゃないけど、面倒くさい」
だとしたら、やるんです。

100% イヤなことは、やらなくていい。
でも、そうでないなら、まずはやってみる。
そうすると、
つながり始めていくんです。

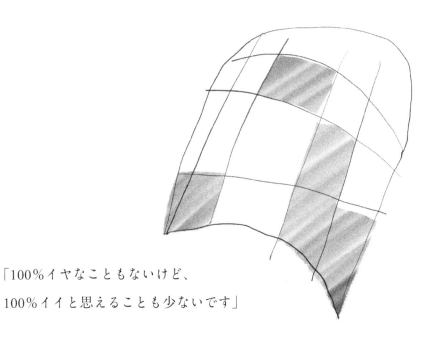

「100％イヤなこともないけど、
100％イイと思えることも少ないです」

そう、たとえば誰かにライブに行こうと誘われて、
「面倒だな、どうしようかな」
と思ったら、それは行くんです。

なぜかといえば、
100％行きたくなければ、
「どうしようかな……」と迷うこともないからです。

100％イヤじゃなく、ただ面倒くさいというのなら、
やってみる。
お誘いにも乗ってみる。
それが、イマイチだと感じている状況から抜けていく、
いいアクションの一つになります。

ファーストインプレッション
を守る

もう一つ——。

たとえば誰かにライブに行こうと誘われて、
「いいかも！」
「楽しいかもしれない」
と思ったあとに、
「でも、ちょっと面倒かな」
と感じることもありますよね。

「でも、○○さんも来るならイヤだな」とか、
「でも、△△まで行くのは面倒くさいな」
といった考えです。

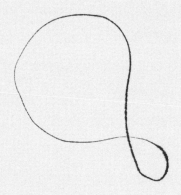

このときに大切にしてほしいのが、
ファーストインプレッションです。

何かあったときに、
「それができたら、最高かもしれない」
「それをしたら、楽しいかもしれない」
と最初に感じたなら、
それが、あなたの真実です。

にもかかわらず、そのあとに、
「でも〜」という言葉が続きます。

「でも、できなかったら、カッコ悪くてイヤだな」とか、
「でも、楽しくなるまでのプロセスが面倒くさいな」。

このように、
ファーストインプレッションのあとに出てくる
「でも〜」の下につながる考えは、
エゴの声と思って間違いありません。
その声に耳を傾けるのではなく、
ファーストインプレッションという魂からの声に
耳を傾けるようにしましょう。

こうして、
「本当の自分からズレる」という習慣から、
抜け出していくことができます。

すべてはつながっている

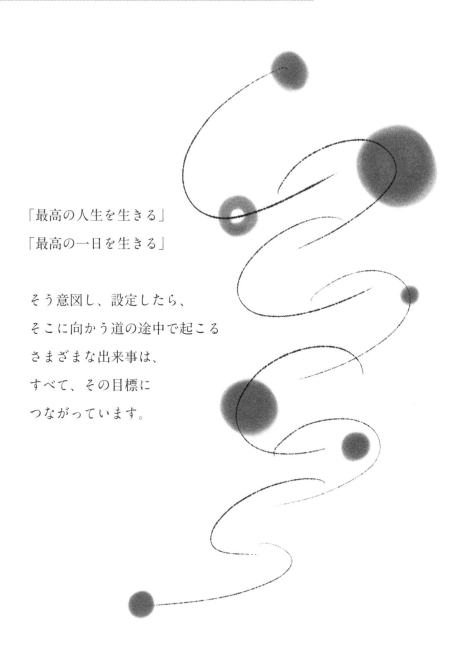

「最高の人生を生きる」
「最高の一日を生きる」

そう意図し、設定したら、
そこに向かう道の途中で起こる
さまざまな出来事は、
すべて、その目標に
つながっています。

そうとは信じられないようなことが、
起こったとしてもです。

「最高の人生を選んだはずなのに、どうして？」
と言いたくなるようなことが、
続いたとしても、
「最高の人生につながっていく」と捉え、
前向きに行動することができれば、
そこからの人生が好転していくことになるでしょう。

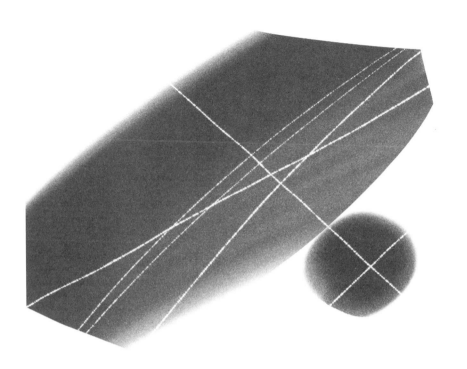

5

魂 の 本 質 を 知 る

ここに来たことの意味

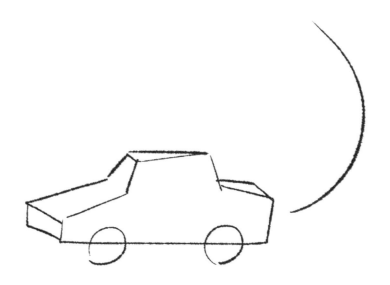

今日という日が終わろうとするとき、
あなたは、どんなふうに感じていますか？

「ああ、今日も一日、すごく楽しかった」
と気分が上がるのか？

「ああ、今日も一日、終わった」
とホッと胸を撫で下ろすのか？

この違いが、わかりますか？

一日を戦々恐々と過ごして、

「やっと終わった」

「なんとか終わった」

と思って毎日をやりすごす生き方。

そうして、1週間が過ぎ、

1か月が過ぎ、1年が過ぎていく。

気づいたら、そんな生き方を、

もう10年も、20年も続けている。

あなたは、そんな生き方をし続けたいですか？

あなたは、そんな未来を迎え入れたいですか？

あなたは、そんな生き方をするために、

ここに来たわけではないでしょう？

やっつけ仕事みたいに
一日を終えていくような生き方は、
ダメということはないですが、
もったいないと思いませんか？

じつは、これが、
この本で僕がいちばん、
あなたに伝えたいことなんです。

生身の人間ですから、

いろいろなことがありますよね。

それこそ、

やっつけ仕事をなんとかこなしたかのような、

そんな一日もあるでしょう。

それを否定する必要は、まったくありません。

でも、だからこそ、それに流されてしまうのではなく、

「最高の一日にしよう」という意図の設定が

大事なんですよ。

ただし、「最高の人生を生きよう」

というのを強迫観念にはしない。

ポジティブでなければならない、とか、

ネガティブはダメだ、とか、

そういうことではないのです。

傷つきやすい人

「自分は傷つきやすい」

そう自分で思い込んでいる人がいます。

「私は繊細な人間です」と、

自分を定義づけてしまっている人です。

この「繊細」というのが、

曲者になることがあります。

「曲者」というのは、

気を許すことができない

要注意人物。

遠くにやっておくほうが身のためです。

「繊細だから」という理由をつけて、

「何に対しても傷つきやすい自分」を、

受け入れ態勢万全にしてしまうのです。

「ああ、私は繊細だから、こう感じちゃうんだな」

「……繊細だから、こう受けとってしまうのも仕方がない」

「……繊細だから、こう思うんだよね」

ここを変えていかない限りは、

何も変わりません。

繊細な感性が素晴らしい作品を生み出すこともありますし、

普通には感じられないものを感じたりすることができます。

なので、それは悪いことでも、

間違っているのでもありません。

ただ、繊細であることによって、

苦しんでいるのなら、

それを「繊細だから」という理由であきらめるのではなく、

まずは考え方や捉え方を変えてみようと、

自分に向き合ってみませんか？

スピリチュアル

「魂」というのは、
1ミリたりとも傷つかないものです。
なぜならば、
魂は、完全なものだから。

スピリチュアルを生き方に変えている人は、
そのことがわかっています。

だから、「繊細で傷つきやすい」というのは、
厳しい言い方かもしれませんが、
「本質を理解していない」
とも言えるのです。
「繊細」という言葉が、
曲者だということがわかるでしょう。

「スピリチュアルな生き方をする」というのは、

「本質を生きる」ということです。

「繊細な自分」でいる限り、

本当の意味でスピリチュアルに生きることはできません。

「スピリチュアル」を学び、

そうありたいと願うなら、

または、それを伝えていきたいと思うなら、

自分自身が、スピリチュアルを体現することです。

つまり、生き方そのものにすることが大切なのです。

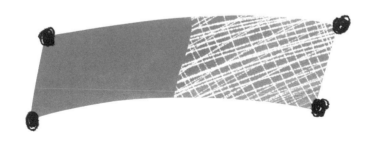

既存の概念を壊す

誰かと競争したり、対立したり……、
調和と統合から矛盾する世界で生きているうちは、
スピリチュアルな生き方からは、ほど遠いと言えるでしょう。
「ごっこ遊び」と言われてもしかたありません。

古い時代と新しい時代。
既存の概念が壊されないと、
新しいものは生み出されない。

それは、どんな世界、業界も例外ではありません。
古い時代は、戦う世界でした。
ある人が何かを言ったら、
それは間違っていると否定してみたり、
誰かが突出してくると、その足を引っ張ってみたり、
そんな不調和な、争いだらけの世界があったわけです。

新しい時代は、調和と統合に向かいます。

そのため、その流れに逆行する生き方や在り方は、

淘汰されざるを得ません。

「相手が間違っている」と思うのは、

自分の見ているものと、

相手の見ているものが違うのだ、

ということを認識せず、

「自分が正しい」と思い込んでいるからです。

ではなぜ、自分と相手とでは、

見ているものが違うのでしょうか？

それは、どの角度から見ているかで、
あるいは、どの次元に焦点を当てているかで、
当然、見え方は変わるからです。

たとえば、同じお皿を見ていても、
上から見ている人、
横から見ている人、
下から見ている人とでは、
そのお皿の見え方は、違います。
見えているものの説明だけを聞けば、
「まさか同じものとは思わなかった」
ということもあるわけです。

お皿を上から見た人は、
「それは丸くて、絵が描かれている」
と言うかもしれません。
お皿を横から見た人は、
「それは薄くて、縁には金が塗られている」
と言うかもしれません。
お皿を下から見た人は、
「それは丸くて、文字や番号が付けられている」
と言うかもしれません。

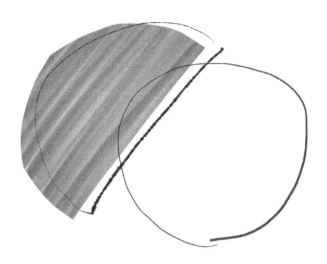

見ているものは同じでも、

見えているものは、全然ちがう。

違うからと言って、

「見えてない」「間違っている」とは言えません。

そして「本質」は、いつも、何も変わらない。

事実は一つ、真実は人の数だけあるのです。

それがわかっていれば、

否定する必要もなければ、

対立することもあり得ない。

そう思いませんか？

見えないものを見る力

見えないものを見る力は、
誰にでもあるものです。
みんな、誰もが、
その力を持って生まれてきています。

でも実際には、
いま見える人、感じる人もいれば、
いまは見えない人、感じない人もいるわけです。
その理由は、とてもシンプルです。

その力を開くのか、閉じたままでいるのか。
それが見える人と、見えない人の違いです。

言うまでもなく、見える人が優れていて、
見えない人が劣っているということではありません。

見えないのは、今回の人生では、
それを開く必要がないから、という人もいます。

また、見える力を封印する人もいます。
自分の意思で封印する人もいれば、
能力者に封印してもらうこともあります。

「封印する」というのは、
「見える回路」を遮断するということです。
つまり、つながれなくなるので、
感知できなくなるわけです。

たとえば、
人の死がわかる、というのは、
心地いい体験とは言いがたいものがあります。
それがわからないほうが、
おだやかに生きられる、ということもあるわけです。

自分の意思で閉じた力は、
また復活させることも可能です。
自分の使命を果たすために、それをする人もいます。

いままで見えていたものが、
見えなくなるということもあります。

「見える力」に執着する人は、
その力が弱まっていることを認められず、
そこから、どんどんズレてしまうことがあります。
見えていないのに、
意識的に、嘘をついている人もいます。
見えることに価値を置いてしまうと、
そういうことになるわけです。

「見える力」は、
もちろんその人が持っている力でもありますが、
じつは、
ガイドたちとの共同作業によるものなんです。

ガイドたちが介在しなければ、
こうした能力は発動しない。

ガイドの中には、高次の存在もいれば、
低次の存在もいます。
その人の意識によって、
どういう存在を引きつけるかが変わります。

低次の存在がついている能力者は、
言動が粗雑で、
不吉なことを言ったり、
不安をあおったりします。

高次の存在

「昔は、よく見えていた」
「予言も、よく当たっていた」
というとき、
基本的には、高次の存在がついていたということになります。

たとえば、自分の生き方が堕落していったときには、
ガイドも交代します。

見えたり、感じたりする自分の力を過信して、
尊大になったりすれば、
高次の存在は、速やかに、
その人から離れていくことになるのです。

その力は、この世界をより高いレベルに
引き上げるために使うもの。
それを有効に使えない人と判断されれば、
高次の存在は、すぐに次の人を探します。

いつもそばにいてくれたはずの存在が、
気がついたら、どこにもいない、
ということもあるわけです。

いつのまにか、
ズレてしまっていた自分に気づく。
それまで見えていたり、感じていたものが、
捉えられなくなったとき、それがわかるのです。

そして、それは、
「見えないものを見る力」だけに
限ったものではありません。

尊大になった人からは、
ガイドだけではなく、
家族や友人、社員や仲間といった、
周囲の人たちも離れていくものです。

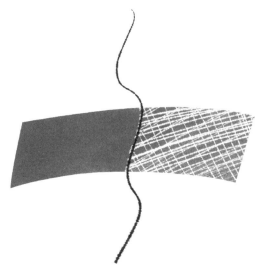

だからと言って、
一度ズレてしまったら、
もう終わりなのか？
と言えば、そんなことはありません。

ネガティブに変わってしまった自分、
調子に乗りすぎてしまった自分を受け入れて、
自分のズレを軌道修正することができたら、
離れていった人たちも戻ってくるかもしれません。
もちろん、高次の存在たちも。

「見放された経験」というのは、
じつは、もっと豊かな人生につながる、
気づきのチャンスなのです。

魂のアップグレード計画

スピリチュアルに生きるというのは、
魂という本質につながって生きる、
ということです。

それができていると、
どんな変化が起きても、
自分の芯がブレなくなります。

でも、それは変化しない、
ということではありません。

魂には、いろいろな計画が詰まっています。
その魂が気づきを得るために。
成長するために。
よりアップグレードしていくために。

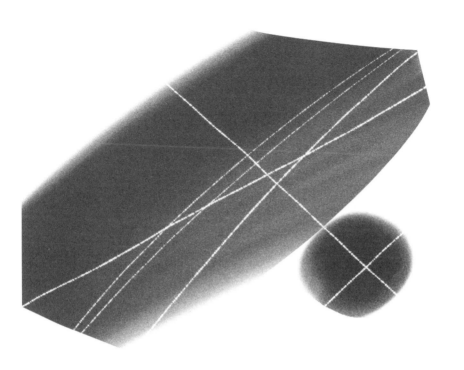

6

変 化 を 受 け 入 れ る

人生には段階がある

人生が大きく変わるとき、
次のステージに進むときには、
一見すると、まるで神から見放されたかのような状態を、
体験する人も少なくありません。

逆に言えば、
人生の段階が変わるために、
その体験を必要としていると言えます。

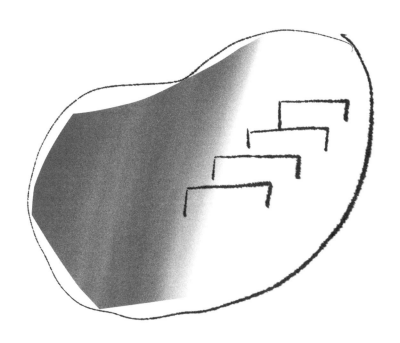

身も世もないような
つらさや苦しさを体験することもあります。

その一つひとつを、
学びという体験として受け入れることができる人が、
何段階もステージアップしていける人です。
そして、その先には、
「自分の想像を超えた人生が待っている」のです。

人は変わらずにはいられない

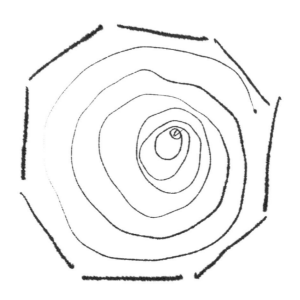

「ステージアップしなくてもいい」
「いまが幸せで、自分を変えたいとは思わない」
と考える人もいるでしょう。

「変わること」を選択する人がいる一方で、
「変わらないこと」を選択する人もいる。
それは、たしかに有りですが、
「変わらない」というのは、
残念ながら、不可能なのです。

なぜならば、
宇宙というのは、つねに揺らいでいるからです。

「揺らぎ」というのが、宇宙には存在し、
それはつねに変化を促しています。
けっして止まってしまわないように、
一つのかたちで止まってしまわないように、
宇宙は、つねに揺らいでいるのです。

ふだんは小さな揺らぎでも、
「このまま止まっていよう」と変化を拒んでいると、
ある日ドーンと、大きく揺らぐことがあります。
大きな揺らぎがあるときには、
「そこに止まりつづけるのは、違うんだよ。
より発展していくために、
そろそろ、そこから動き出そう」
という宇宙からのメッセージがやってきているのです。

恐怖と不安のイリュージョン

「え、順調だったのに、
なんで、こんなに不安定なことになっちゃったの?」

突然の変化に、戸惑うかもしれません。
「悪いことが起きている」と、
心配になったり、
怖くなったりすることもあるかもしれません。

でも、だいじょうぶ。
「変化」は「後退」ではないんです。
「落下」していくわけでもありません。

ネガティブな状況に追い込まれて、
「手立てがない」「手助けもない」と落ち込んで、
穴に陥ったような気持ちになることもあるでしょう。

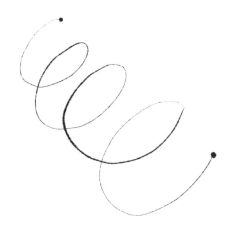

でも、「変化」というのは、ただ、そこでグルグルしながら、

見える景色を変えているのではなく、

螺旋階段を上がるように、

少しずつかもしれませんが、上へ上へと、

上昇していく動きなので、

確実に、それまでとは違いが生まれることになります。

変化の最中には、

上がっていっているとは実感しにくいかもしれません。

だから、つらいし、苦しい。

でも、そうして変化を受け入れていくことで、

ある日、

「あ、こっちのほうが断然いいね」

と思えるようになる。

それが「変化すること」なんです。

大きな変化の最中には、
「この先はどうなるかわからない」
という恐怖や不安を感じるので、
それは、さながら
「恐怖と不安に満ちあふれた人生物語」を
体験することになるでしょう。

ときには、
「仕事がなくなった」
「家がなくなった」
「もう無理」
「一巻の終わり」
というようなことを体験するかもしれません。

あまりの苦しさに、ふさぎこんで、
なかには自死する道を選ぶ人もいるかもしれません。

でも忘れないで。

この変化は、

ずっと、あなたが望んでいた未来に

つながっていくための流れが

起きているからこその変化なのです。

つまり、望むステージが大きければ大きいほど、

その舞台に立つために必要な

才能や資質を養うための「課題」も難しくなるので、

ときにつらく、苦しいと感じることもあるわけです。

だから、苦しいときほど、

「その先の輝くステージ」に意識を向けながら

進んでいきましょう。

それを途中下車してしまうのは、

待っていたはずの未来を失うことなのです。

感謝を思い出す

「いま、まさに上り調子！」
「これまでの努力が、ようやく報われた」
そんなふうに感じているときは、
素直に、その喜びを享受してください。
ワクワクや心地よさを楽しんでください。

「自分が、調子に乗っているようで怖い」
という人がいましたが、
そんな恐れは、手放してしまいましょう。
少なくとも、そんなふうに思っている時点で、
「調子に乗って」などいないことがわかります。

「調子に乗る」というのは、
他人の迷惑も考えず、
自分勝手なことをして得意がることです。

たしかに、自分の思い通りに事が進んだり、
お金や成功を手に入れたりすると、
まわりからチヤホヤされたりするようになって、
「調子に乗る」こともあるかもしれません。
人間ですから、そんなこともあるわけです。

そうした状態をエネルギー的に視ると、
グラウンディングが甘くなっていると言えます。

「グラウンデング」とは、

自分と地球のつながり（接地）のこと。

また、そのバランスをとるという意味でも使われます。

「地に足が着く」とか、

その反対に「浮き足立つ」という言葉がありますが、

グラウンディングが甘くなる、

というのは、まさに、この「浮き足立つ」状態。

ワクワクすると、

気持ちは浮き足立ちやすくなります。

「いいとき」というのは、ワクワクしますよね。

そうすると、エネルギー的にはフワフワしやすくなります。

それが思いもかけない不祥事や

スキャンダルを招いて、

それこそ、足をすくわれるようなことが起こるのです。

足をすくわれるようなことを経験すると、
「バチが当たったんだ」と考えるかもしれませんが、
そうではありません。
「罰」を受けているのではなく、
「注意」を促されているのです。

「ほらほら、グラウンディングが甘くなってるよ」
「足元が、おろそかになっちゃってるよ」
というメッセージ。

だからこそ、
「いままで、ありがたいと感謝していたことを、
いつのまにか、あたりまえと思うようになっていたんだな」
ということに気づくことが大切です。
それに気づけたら、
そこから再スタートすることができるのですから。

そして、その感謝の気持ちを、きちんと伝えていくこと。
「ありがとう」と言い始めると、
ポジティブなエネルギーが循環し始めるのです。

新しい地球の流れ

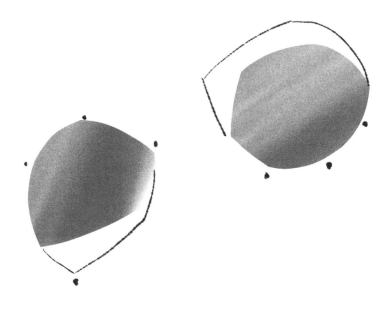

「まわりは嫌いな人ばかり」
もしも、あなたがそう感じているとしたら、
それは、あなたが、
新しい地球の流れに
乗れていないからかもしれません。

いま、この地球は、
「古い地球」と「新しい地球」に
分かれ始めています。
古い地球には、古い地球の流れがあり、
新しい地球には、新しい地球の流れがあります。

そこに住む僕たちは、それぞれ、
その流れの中にあります。

新しい地球の流れに乗っている人は、
自分やまわりのポジティブな変化に気づき、
それを目の当たりにしているはずです。

古い時代の流れに乗っている人は、
依然として変わらない世界か、
よりネガティブな流れに取り巻かれているでしょう。

「まわりが嫌いな人ばかり」というのは、
古い時代のネガティブな流れを
引きずっている状態とも言えますので、
新しい地球の周波数でもある
「こ・ひ・し・た・ふ・わ・よ」に、
意識のチャンネルを、しっかり合わせていきましょう。

いちばんの最悪

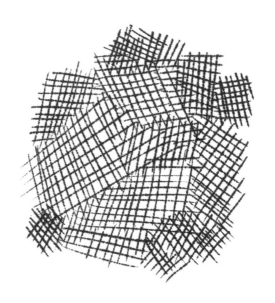

僕たちの考え方の中で、
最も悪いのは、
「これは、一生変わらないだろう」
と決めつけることです。
これが、いちばん最悪の毒素。

実際、変わらないわけがない。
変わるんですよ、必ず。

いつも言っていることですが、
「年をとりたくないと騒いでも、
誰もが年をとるでしょう?」
という話なんです。

「死にたくない」と、
いくらしがみついても、
いつかは必ず、肉体を脱ぐことになるわけです。

それが現実というイリュージョン。
幻想だからこそ、すべての物も事も、
いずれ必ず変わるのです。
であれば、目の前の現実にとらわれることなく、
その儚さを愛で、楽しんでいきましょう。

変わりたい気持ちと
変わりたくない気持ち

狭間で揺れている状態が、
いちばん苦しい。

それは、アクセルとブレーキを
両方踏んでいるのと同じ。
エンジンがブスブス音を立てて、
身動きがとれなくなってしまいます。

アクセルとブレーキ。

バランスのとり方がわからなくなったら、

まずはブレーキをはずして、進みましょう。

どのみち、

変化することは避けられません。

変化は、僕たちの遺伝子、

DNAの中に組み込まれているのです。

あまりにもスピードが速すぎて、
「ついていけないな」と感じたときや、
バランスをとったほうがいいと感じたときに、
ブレーキを使うのはいいですよね。

でも、アクセルは、
けっして、はずすことはできないんです。

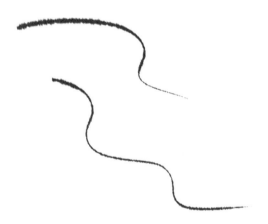

アクセルを踏むのは、魂の本質です。

魂は永遠の存在であるため、

つねに進化、向上していくものなので、

アクセルを踏み続けるわけです。

そして、ブレーキを踏むのは、エゴです。

変化を嫌い、抵抗するからです。

魂は、変化することこそ本質であることを知っているので、

そこにブレーキをかけることはありません。

ふだんはブレーキをかけるだけのエゴが、

アクセルをかけてくるときもあります。

エゴがそれをするとき、

損得勘定(そんとくかんじょう)などの欲得がベースになっているため、

もっともっとと、

どんどんスピードを上げていくことになります。

そして、その先にあるのは、「破滅(はめつ)」です。

だからこそ、本当の自分がしっかり主導権を握って、
運転する必要があるのです。

それをするためには──

魂の道に沿っているのか、ズレているのか。

これを見極めるしかありません。

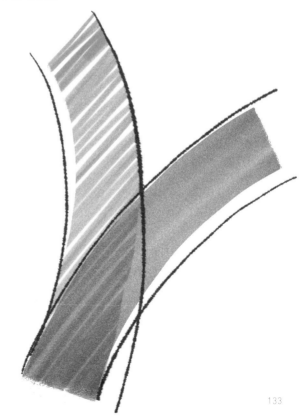

ズレていけばいくほど、
軌道修正していく幅が大きくなるので、
揺り戻しも大きくなり、ドッカンと大きな揺れを
体験せざるを得なくなります。

そんな状態に陥らないためにも、
自分に意識を向けて、日頃から
「こ・ひ・し・た・ふ・わ・よ」を
意識しながら生きることが大切なポイント。

「こ・ひ・し・た・ふ・わ・よ」を感じるとき、
あなたは魂の道に沿っていますよ、
というサインを受けとっているからです。

でも、そうではないとき――
居心地の悪さだったり、
モヤモヤとした、しっくりしない感覚が上がってくるなら、
あなたの魂の道からはハズれていますよ、
というサインがやってきているのです。

意識が自分ではなく、
外に向いていると、
「こ・ひ・し・た・ふ・わ・よ」を
明確に捉えることができなくなってしまいます。

「あの人に変わってほしい」
「現実を変えたい」
と外側に意識を向けている限り、
あなたは、内側に存在する本当の自分から、
どんどんズレていくことになります。

本質を捉えたいなら、
内に向かっていく必要があるのです。

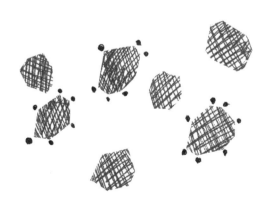

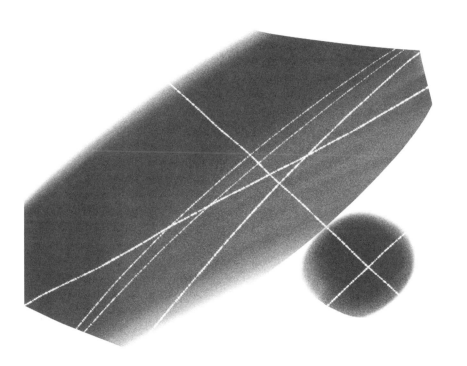

7

行 動 を 起 こ そ う

エ ゴ の 行 為

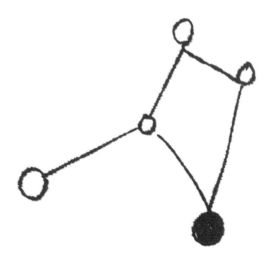

人生がうまくいかないと、
運が悪いとか、
社会や国が悪いとか、
社員や上司など、まわりの人たちが悪いのだ、
と考えがちです。

でも、それでは自分軸に一致していないため、
人生の主導権を握ることはできません。

すると、
自分軸という本当のあなたの居場所に本人不在となるため、
その隙にエゴが入り込み、
人生に「エゴの行為」がはびこることになります。

人生がうまくいかないとき、

じつは、たった一つのことしか起きていません。

それは、あなたが、

エゴの声に耳を傾けている、

ということです。

エゴの声に耳を傾けるのか、

自分の本質である、

ハイヤーセルフに耳を傾けるのか……。

それによって、あなたも、

あなたを取り巻く環境も、

変化のしかたに、大きな違いが出てくることになります。

「エゴ」に耳を傾けると、

人は驕り高ぶっていきます。

なぜならエゴというのは、

もともと、尊大な性質を持っているからです。

「ハイヤーセルフ」は、そうではありません。

たとえば、「自分よりも相手のほうが下」とか、

「自分よりも誰かが上」とか、

そういった意識がまったくありません。

つねにニュートラルなので、

比較することもない。

マウントをとることもなければ、

卑屈になることもない。

この声に耳を傾けると、

どんなに大きくなろうが、

お金持ちになろうが、

有名になろうが、いつも

平常心を保てるようになります。

選択の発端を間違えない

古い時代の流れにいる人は、

選択の発端が、

エゴの声になっています。

たとえば何かの誘いを受けたときに、

「本当はやりたくないけど……」

と思いながら、

それを受けてしまうことがあります。

ここからは、少し、厳しい話をします。

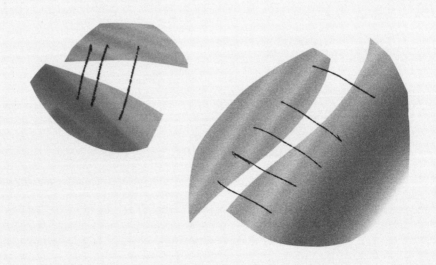

たとえば孤独を感じて生きている人にとって、
自分を誘ってくれる人が、
親切で、いい人のように見えることがあります。

すると、「この人といれば、寂しくはない」
というような意識で、
その人について行ってしまいます。
自分の中では、「違うな」と感じていたとしても、
離れることができなくなってしまうのです。

「この人といれば寂しさが紛れるから」

「この人たちと一緒にいれば、

とりあえず孤独ではないから」

そう思って、行動してしまうのです。

これは、あらゆる関係性において起こります。

結果として、

「本当はイヤなのに、やめられない」

「本当は嫌いなのに、離れられない」

という関係が成り立ってしまうのです。

気がついたら、
「あれ？　なんで私、
こんなところに来ちゃったんだろう？」
「え、なんで私、
こんなグチャグチャに巻き込まれちゃってるんだろう？」
ということになっているのです。

「ここにいれば寂しくない」というのは、
エゴの声だったんです。

なぜ、エゴの声に耳を傾けないことが大切なのか、といえば、
そのベースにあるのが「ネガティブな感情」だからです。

ネガティブとは「分離に向かう」という意味であり、
悪いということではありません。

寂しさや孤独感も、また不安や恐怖も、
一般的にネガティブと呼ばれる感情は、
僕たちの、もともとは完全な意識を、
眠るために分離したときに生み出された周波数なので、
これをベースに動いていれば、
当然、さらに眠りが深くなってしまうのです。

その、分離に向かう行動を通して、
寂しさを含めて、満たされない思いが満たされることは、
残念ながらありません。

一時的にそう感じることがあったとしても、
根本的な解決にはならないのです。
それどころか、統合とは逆方向へと進んでいくため、
人生がより複雑になり、
問題だらけという体験をせざるを得なくなるでしょう。

あなたは、見せかけなどではなく、
「本当の意味で満たされる関係性を
受けとる価値のある人」です。

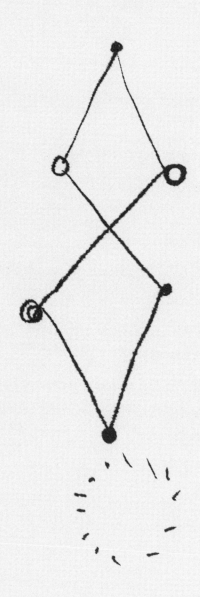

エゴの声を消すことはできない

「エゴの声に耳を傾けないように」と言うと、
自分のエゴを、
消し去らなければならないと考えますが、
それはできません。

エゴは、誰にでもあります。
あなたにも、もちろん僕にも。

エゴをなくしたい、
エゴを自分から切り離したい、
という相談を受けることもありますが、
それは不可能なことなんです。

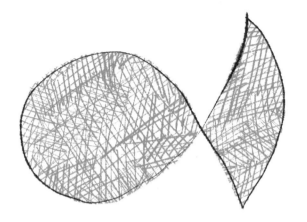

エゴも、あなたの一側面。

だから、それを消すことはできませんし、

その必要もありません。

ただし、エゴの支配から抜け出すことはできるんです。

エゴと眠りのサイクル

地球には、宇宙と連動したサイクルがあって、
「目醒め」と「眠り」という
二つの状態を行ったり来たりしています。

そのような中、地球は今、
「目醒め」のサイクルに突入しています。
ここから、目を醒ましていく人たちが、
どんどん出てくるんですね。

いまは、その深い眠りから醒めるために、
眠りの意識の特徴である、
不安や恐怖をはじめとしたネガティブな感情が、
あらゆる機会を通して炙り出され、
それが自分を苦しめているかのように
感じている人も多いですが、
それを一つひとつ手放していくことで、
あなたは目を醒ましていくことになるのです。

「眠り」というのは、
制限のある状態のことです。

「エゴ」の側面から見ると、
眠っているというのは、
僕たちが、エゴの支配下にあるという状態なのです。

逆に、目を醒ましていくというのは、
あえて「支配」という言葉を使うなら、
エゴを支配下に置くということです。
それによって、
エゴに振りまわされることがなくなるんですね。

「エゴ」というのは、
「自分さえよければ、他はどうだっていい」
という意識です。
これが分離意識なのは、わかりますよね？
自分と他を切り離しているわけですから。

つまり、エゴの声に耳を傾け続けることで、
僕たちは、どんどん「分離」
「分断」していくことになるのです。

その行きつく先が「戦争」なのだと言ったら、
驚くでしょうか？
僕たちは、早急にエゴの支配から抜け出す
必要があると言えるでしょう。

幸せにつながる道

なぜ、エゴに基づく行為をしてはならないのかといえば、

「エゴ」は、その人にとっての、

つまり、あなたにとっての、

最高の幸せにつながる道、

最高の豊かさにつながる道を、

まったく知らないからです。

あなたにとっての

本当の意味での「最高!」の状態を、

まったく知らない存在が、「エゴ」なんです。

道を知らない人に、

道を聞いても、もっと迷うだけでしょう。

満たされないので、永遠に、

「もっと」「もっと」と求めることになります。

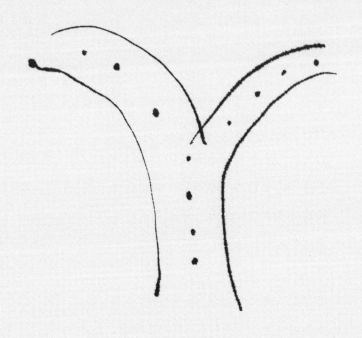

一方、「ハイヤーセルフ」は、

あなたにとって、

何が本当の意味での幸せや豊かさをもたらすのかを、

完全に理解し、把握している存在です。

このハイヤーセルフの声に耳を傾け、行動することで、

必ず、あなたにとっての最高の幸せ、

最高の豊かさにたどり着くことになるでしょう。

人生を動かす
司令塔とエンジン

エゴは、「行動力」に転換される。

「動く力」「熱量（エネルギー）」に変わります。

そして、それに転換されたエゴの力は、

非常にパワフルです。

車でも船でも飛行機でも、

エンジンがないと動けません。

一方、ハイヤーセルフはと言えば、

もちろんエンジンとしての役割も果たしていますが、

もっとわかりやすくたとえるなら、

「司令塔」と言えるでしょう。

「あなたの探している幸せは、こっちにあるよ」

と道を示してくれる存在なのです。

司令塔に「よっしゃ！」と勢いよく応えて、
示された道に向かっていくブースター、
補助的エンジンの役割を、
すごい情熱と行動力をもって
果たしてくれるのが、「エゴ」なんです。

エゴは排除したり、
切り離したりするものではなく、
むしろ、
あなたにとって大切な味方になってくれるのだ、
ということがわかるでしょう。

エゴとの協力。

肥大化したエゴに支配されるのではなく、

自分の支配下、というより、

管理下に置くことで、

あなたを突き動かしてくれる、

頼もしい、感謝すべき存在に変わるのです。

祈るということ

何かを望むとき、
祈ることは、それを叶える一歩になります。

心の深いところで、
望むことを思い、
言葉や文字にすることで、
祈りが生まれるわけです。

もちろん、祈ったら、それで終わりではありません。

祈りによってやってくる
インスピレーションやアイデアを行動に移して、
はじめて祈りが完成するのです。
なぜなら宇宙は、あなたの祈りに応えた結果として、
さまざまなサインを送ってくれるからです。
あとは、あなたがそれをキャッチして
行動に移す必要があります。
それこそ、宇宙との共同と言えるでしょう。

僕たちは、肉体を持つ存在です。

肉体を持っているということは、

その肉体を使って行動していくことが、

必要だということです。

そもそも、この地球は、

行動の惑星だということを覚えておいてください。

まずは、祈る。

神でも、仏でも、宇宙でも、

その呼び方は何でもかまいません。

もう一度言います。

祈ることによって、

その祈りに応えるかたちで、

メッセージやサインが、

インスピレーションやアイデアとして降りてきます。

「OK、じゃあ、

あなたが祈っていることが形になるために、

こんなことをしてみない?」

「こんなことをやってみたらどう?」

「こういう手もあるよね?」

そう聞いて、

「え、私が動くの?」

と思いませんでしたか?

そう、あなたが動くんです。

「この星を救ってください」
「この人たちが救われますように」
と祈るとき、その裏には
「そのために、私にできることは何ですか？」
という意図が込められていると、宇宙は捉えます。

だって、自分が住んでいる惑星を本気でよくしたいなら、
自ら動くのは当然のことですよね。
「宇宙連合が助けてくれるはず」
なんて思っていたら、大間違いです。

あなたの祈りに対して、

なんらかのインスピレーションが降りてきたら──

「OK、私に降りてきたということは、

私がやるってことなんだ」

そう捉えて、

それこそ、エゴのパワフルなエネルギーと共同しながら、

行動を起こしていくこと。

こうして祈りは循環し、成就することになるのです。

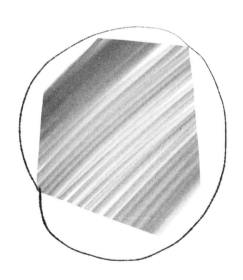

100％、いまの人生を
楽しんだ先にある未来

人生における「つらい」「苦しい」という感覚は、
自分が何を信じているかに応じて変化する、反応なんです。

誰かに何か言われたときに、
悲しくなることもあれば、なんとも思わないこともある。

同じことを言われても、反応する人もいれば、反応しない人もいます。

すべては、「心一つの置きどころ」。
自分の意識が変わることで、その反応もまったく変わってしまいます。

何も感じないのが、いいのではありません。
なんでもポジティブでなければいけない、ということでもないのです。

自分が反応した不安や不満、怒りや憤り、嫉妬や憎しみ、
そういったものを排除しようとしないでください。
それを感じた自分を否定しないでください。

それを感じたくて、僕たちは深く眠ったのですから。
そして、コントラストを通して、
僕たちは、さまざまな人間ドラマを
体験することができたのです。

大成功したでしょ？

でも、いまというとき、
僕たちは、十分に眠りを体験したので、
そろそろ、もとの高い意識に戻ろうか……
と深い眠りから目を醒まし始めたのです。

だからこそ、楽しませてくれたネガティブな周波数に、
「ありがとう！」と感謝の気持ちをもって、「手放す」のです。
それは排除ではなく、受け入れるということ。

「え……手放すって捨てることでしょ？」
と思っている人も多いでしょうが、統合で手放しているのは、
不安や恐怖を受け入れることへの「抵抗」です。

そして、抵抗がはずれれば、
それをマルッと受け入れることができるのです。
こうして、僕たちは、そのネガティブな周波数から
一切の影響を受けない次元まで、上がっていくことになります。

そして、その先には「本当の自分」との出会いが待っています。
それは「真実のあなたを憶い出す」ということです。

いま、この瞬間、この人生を、十二分に楽しんでください。

それこそが、本書のタイトルにある
「最高！」を生きる極意なのですから……。

並木良和

並 木 良 和

NAMIKI YOSHIKAZU

スピリチュアル・カウンセラー、作家、ライフメンター。宇宙の叡智や高次の存在と協働しながら「本当の自分」に一致して生きるための「統合（LDLA）」を伝え、本来の人間が持っている能力や生き方、そして、目醒めた状態で人生を謳歌する「在り方」を、自らの体験を通して国内外を問わず世界に教示している。抜群のわかりやすさとその「人間性」から大勢の人を魅了し、師事を熱望する人が急増。即日満席となる『UNITY』をはじめ、『INTRET』等の毎月開催されるワークショップが人気を博している。数々の著書はいずれもベストセラー。現在は執筆活動やラジオのパーソナリティーを務める傍ら、YouTube、DMMオンラインサロン、Instagram等のインターネットを通しても活躍の場を広げている。2021年12月22日の冬至では、両国国技館にて世界中から参加者が集まり、会場とオンライン合わせて10,000人のワークショップを開催するほどの人気である。

並木良和オフィシャルサイト
https://namikiyoshikazu.com/

「最高！」を生きる考え方

2023年1月20日　初版第1刷発行

著者	並木良和
発行者	櫻井秀勲
発行所	きずな出版
	東京都新宿区白銀町1-13　〒162-0816
	電話03-3260-0391　振替00160-2-6333551
	https://www.kizuna-pub.jp/

印刷	モリモト印刷
ブックデザイン	鳴田小夜子（KOGUMA OFFICE）
イラストレーション	會本久美子
編集協力	ウーマンウエーブ